GW 3437057 9

darluniau gan Quentin Blake

RILY

I Alfhild, Else ac Asta

I holl ddisgyblion Ysgol Morgan Llwyd –
Ddoe, heddiw ac yfory
G. W.

Cewch ddysgu mwy am Roald Dahl
wrth ymweld â'r wefan:
roalddahl.com

Penillion Ach-a-fi

ISBN 978-1-84967-324-2

Cyhoeddwyd gan Rily Publications Ltd,
Blwch Post 257, Caerffili CF83 9FL

Argraffwyd yng Nghymru gan Stephens & George, Merthyr Tudful

Cyhoeddwyd gyda chymorth ariannol Cyngor Llyfrau Cymru.

www.rily.co.uk

Y Mochyn

Roedd mochyn doeth a mawr ei sôn
Yn byw ar fferm ym mherfedd Môn
Ac roedd yn glir i bawb drwy'r fro
Bod 'mennydd enfawr ganddo fo.
Nid oedd un sym o dan y nen
Na allai'i datrys yn ei ben.
Fe wyddai hyn, fe wyddai'r llall,
A gallai adrodd heb un gwall
Benodau cyfan o'r Llyfr Mawr
Ddarllenodd, do, o glawr i glawr.
Doedd ond un cwestiwn boenai'n ffrind –
O ble y daeth, ble roedd o'n mynd?
Pa reswm yn y cread crwn
Ei osod yn y twlc bach hwn?
Ac felly bu am amser maith
Yn rhoi y 'mennydd mawr ar waith,
Gan grafu'i ben a chrychu'i ael,
Ond nid oedd ateb hawdd i'w gael.
Ar hyn, un noson yn ei gell,
Yn crafu 'mlaen a chwsg ymhell,

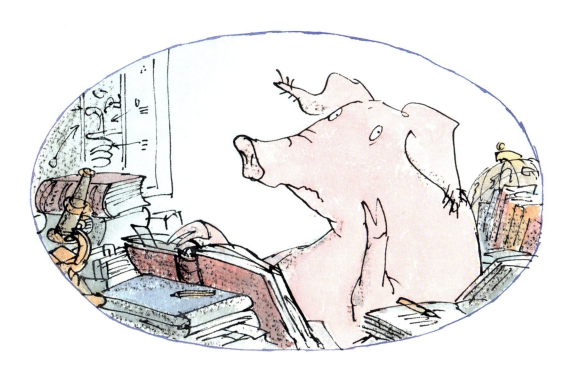

Fe neidiodd fry fel dawnsiwr bale
A gwichio'n uchel, 'Sos afale!
Dyna'r ateb i'r cwestiwn dwys –
Maent am fy macwn bob yn bwys!
A'm holl olwythion i 'run fath
I gael eu gwerthu wrth y llath!
Fy nghrogi fry ar fachyn dur
I'm troi yn felys ac yn sur!
Fy nghoese'n ham – a'm clust, wrth gwrs,
Yn cael ei gwneud yn fag neu'n bwrs!
I fochyn bychan dyma'r drefn –
Y cigydd cas a'i gyllell lefn!'

A threiglodd deigryn dros ei foch
Wrth feddwl am ei bwdin moch.
A'r bore wedyn, toc cyn naw,
Pwy ddaeth â bwced yn ei law
Ond Mr Harris, ffermwr clên,
Ac meddai'r mochyn efo gwên

Wrth neidio'n sydyn ar ei gefn,
'Rhaid newid tipyn ar y drefn!'
A wir i chi, wnawn i ddim synnu
Petaech chi i gyd yn taflu i fyny
Pan glywch chi nawr i'r mochyn barus
Wneud brecwast braf o Mr Harris –
Pob owns o'i gig, pob dafn o'i waed
O'i gorun moel i sodlau'i draed.
Eisteddodd wedyn ar ei ham
Gan sibrwd efo gwên fach gam,
'Ces syniad cas o dwn 'im ble
Ei fod o am fy nghael i'w de,
A chofies i ei bod hi'n talu
Fynd gynta i'r felin os am falu!'

Y Crocodeil

Nid oes creadur llai gwerth chweil
    Na Chroci-woc y crocodeil,
Ac ar ddydd Sul daw dŵr o'i ddant
Os caiff i'w ginio chwech o blant,
A gorau oll i'r cr'adur erch
Eu rhannu'n deg – tri mab, tair merch.
Nawr, ar bob mab i dynnu'r blas
Rhaid taenu mwstard poeth yn fras,

Ond nid yw mwstard poeth yn neis
Ar ferched wnaed o siwgwr sbeis.
Rhaid cnocio'r rhain mewn cwstard wy
A'u bwyta'n bwyllog efo llwy.
Er nad yw'n farus, chwarae teg,
Na'i lygad byth yn fwy na'i geg,
Nid oes dim byd mwy at ei ddant
I ginio Sul na chwech o blant!

Ond dyna ddigon am un nos
O'r stori wirion yma! Dos
Di i gysgu, 'mhlentyn tlws.
Ond pwy sydd yna wrth y drws?
Mae rhywbeth hyll yn ddigon siŵr
Yn dringo'r grisiau'n fawr ei stŵr.
Rhaid cau y drws yn dynn a'i gloi!
Rhy hwyr! Rhy hwyr! Ni allwn ffoi –
Mae CROCI-WOC â'i weflau cul
Yma'n gwenu'i wên ddydd Sul!

Y Llew

Mae pawb yn gwybod bod y llew
Yn bwyta cig i dyfu'n dew,
Ond tasech chi yn holi beth
Sydd yn ei blesio, yn ddi-feth
Fe fyddai'n dwedyd ar fy myw
Fod ganddo ddim i'w ddweud wrth gyw!
Ac nid yw chwaden iddo chwaith
Yn ddigon da 'rôl tyrn o waith.
Ac am gig oen – mae mwy o faeth
Mewn creision, medda fo, neu laeth!
Beth felly fyddai'n tynnu dŵr
O'th ddannedd miniog di, 'rhen ŵr?
Alla i dy ddenu di o'th ffau
I brofi platiaid braf o iau?
Gwenodd y llew a chrafu'i glust,
Cyn dod yn nes a sibrwd, 'Ust!
Nid porc nac oen yw'r cig i mi
Na phastai grochan chwaith, OND TI!'

Y Sgorpion

Mae gennym destun diolch wir
Na welir sgorpion yn ein tir,
Ac na cheir un yn Nghymru fyth
Yng ngwely neb yn gwneud ei nyth!
Mae'n gr'adur erchyll, hyll ei wg,
A'i lygaid slei ar fwriad drwg,
Ac mae ei frathiad medden nhw'n
Llawer, llawer gwaeth na'i sŵn.
A hyn sy'n od, yn groes i gi,
Ei gynffon sy'n dy fygwth di.
Pan weli honno yn rhoi plwc
Gwell peidio rhoi dy ffydd mewn lwc
Oherwydd pan rydd honno dro
Does ond un bwriad ganddo fo –
Rhoi naid a gwthio'i golyn blin
Heb oedi dim i foch dy din!
'Beth sydd yn bod, fy nghariad, nawr?
Pam mae dy lygaid di mor fawr?'
'O! Mam, mae'r peth rhyfedda 'rioed
Yn cosi nawr wrth fawd fy nhroed!

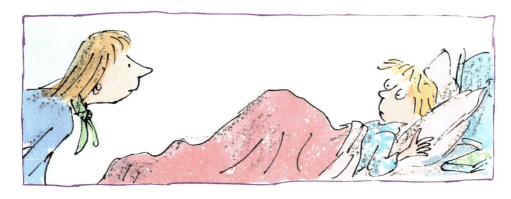

O! Mam, mae'n brathu gwadnau 'nhraed!
Ai sgorpion sydd yn tynnu gwaed?'
'Paid bod mor dwp! Wyt ti o'th go?
Wrth gwrs nad sgorpion ydi o!
Hei! Paid â gwneud y gwely'n flêr!'
'Ond Mam, mae'n cropian dros fy ffêr.
Mae rhywbeth yno, Mam, o oes!'
'Paid ti â cheisio tynnu 'nghoes!'
'Dwi ddim, ond 'drychwch chi eich hun,
Mae'n mynd fel fflamau i fyny 'nghlun!
Mam! Daliwch o! O! Rhy hwyr nawr!
Cha i byth eto eistedd lawr!'

Y Bwytawr Morgrug

Ym mhentre bychan Pen-y-graig
    Fe drigai Mr Jones a'i wraig –
Byddigions mwya twp y plwy,
Yn werth miliynau mawr a mwy.
Roedd ganddynt blentyn, unig fab,
A oedd yn dwpach fyth, pŵr dab,
A gwaeth na'r cyfan, ar fy llw,
Wedi'i sbwylio ganddyn nhw,
A dim ond iddo godi'i fys
Fe gâi bob peth a ddenai'i flys!
Roedd ganddo feic a setiau trên,
Mecano mawr ac eroplên,
Modelau o bob lliw a llun,
Ac iPad newydd iddo'i hun.
Roedd ganddo geffyl pren, wrth gwrs,
A robot allai gynnal sgwrs,
Er hynny, nid oedd gan y brawd
Anifail byw o waed a chnawd.
Ond nid oedd o am gi neu gath,
Na cheffyl chwaith o unrhyw fath.
A dyma'r lembo'n penderfynu
Dweud wrth ei fam a'i dad am brynu

11

BWYTAWR MORGRUG bach neu fawr.
Aeth e-bost allan ymhen awr
Â'r neges bwysig dros y byd:
'Bwytawr morgrug! Cartre clyd
Yng Nghymru fach i un o'r rhain!'
A wir, un bore braf, myn brain,
Daeth ateb gan ryw Esgimo
Yn dweud yn glir fod ganddo fo
Un bychan sbâr yng Ngwlad yr Iâ
Yn mynd yn rhad i deulu da.
A chyn pen dim fe ddaeth yn saff
I Ben-y-graig mewn bocs mawr praff.
Rhoes Dan y parsel ar y bwrdd
A rhwygo'r papur brown i ffwrdd
Ac wele gr'adur hyll a main
A'i flew o'n berwi efo chwain.
Medd Dad, 'Wel dyma ffrind di-ail!'
Atebodd Dan, *Yeah! Thanks a pile!*
Ac roeddynt hyd yn oed yn falch
Mai dim ond Saesneg fedrai'r gwalch.
Ond teimlai Daniel yn siomedig
Wrth weled cr'adur gwan, crynedig,
A syllai arno'n flin tu hwnt
Na chawsai lew neu deigar brwnt!
Ac meddai'r cr'adur wrtho fo,
'Beth am gael bwyd cyn mynd am dro?
Yn wir, fe fyddai crystyn sych
Neu ddarn o gig yn bryd bach gwych.'
Ond gwaeddodd Dan, *'What! Bread or meat?*
Go find some ants, they're what you eat!'
Fe aeth y cr'adur llwglyd, main
I chwilio 'mhlith y pridd a'r drain
Am forgrug tew. Ond ar fy llw
Ni wyddai'n iawn beth oedden nhw
Oherwydd nid oedd morgrug tew
I'w cael, wrth gwrs, yng Ngwlad y Rhew

A byddai'i ffrind, yr Esgimo,
Yn rhoddi briwsion iddo fo.

'Mhen wythnos hir doedd o fawr gwell –
Er chwilio'n agos ac ymhell
Heb weled morgrug yn un man
Fe aeth yn ôl yn brudd at Dan
I gwyno wrtho yn ei boen
Nad oedd dim cnawd o dan ei groen.
Atebodd Dan yn gas a blin,
'It's ants I said! It's ants I mean!'
Ac ar y gair pwy ddaeth i'r fan
Yn gweiddi'n uchel, *'Cooee, Dan!'*
Ond chwaer ei dad, ei Anti Jên –
   Hen ferch siaradus, dwp, ddi-wên!
     Edrychai hi fel pen-ôl ych
      A boddodd Dan â swsys sych.
     I rwystro'i fodryb dwp rhag gori
      Fe geisiodd Daniel droi y stori
     A dweud, *'I don't believe you've met*
My new and most unusual pet.'
Edrychodd hithau yn ddi-oed
Ar beth orweddai wrth ei throed.
'Bwytawr morgrug, ar fy llw!
  Ble cest ti hwn – o siop neu sw?
  Mi hoffwn innau un fel ti
  I'm helpu yn fy ngardd fach i
  Trwy fwyta morgrug wrth y cant.'
  Sibrydodd Dan, *'My silly aunt!'*
 Fe gododd y creadur glust
  Pan glywodd o'r gair *'Aunt'* ac ust!
Tybed ai dyma oedd y pryd
 Y bu o'n chwilio'r wlad i gyd
  Amdano fe? Myn brain, mae'n rhaid!
A chyn i neb gael gweiddi, 'Paid!'
Fe droes ei wyneb trist yn wên
A rhoddodd naid ar Anti Jên
A thoc doedd dim ymhlith y rhosod
Ohoni hi ond dannedd gosod.

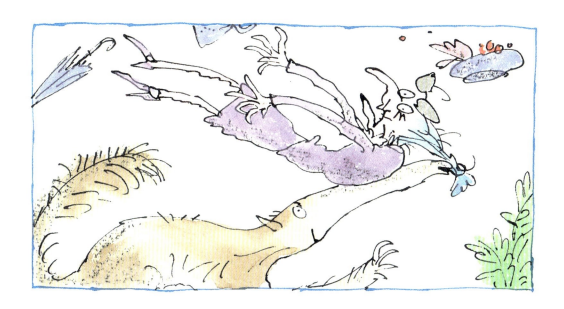

Ac wrth i'r tamed blasus ola
Lithro'n llyfn i lawr i'w fola,
Fe ruodd o, 'Mi ges i flas!
Ble'r wyt ti, Dan? Ble'r wyt ti, was?'
Ond roedd y gwron yn ei fraw
Tu ôl i swp o dail a baw.
'Waeth iti heb â chuddio'r rwdin –
Dwi am dy fwyta di i bwdin!'

Y Draenog Mawr

Dwi'n cael rhyw bunt fach newydd sbon
    Gan Mam a Dad bob wythnos bron
A Sadwrn diwetha, toc 'rôl naw,
Fe es â'm harian yn fy llaw
I'r siop ddanteithion ar y sgwâr
A phrynes yno fwy na'm siâr –
Dau fagiaid mawr o siocled mefus
A dynnai ddŵr o'ch dant a'ch gwefus.
Nawr gan na fynnwn rannu un
Fe es i'w bwyta nhw fy hun,
A thros y bont, ym mhen draw'r coed
Mae'r lle dirgela fu erioed
I fwyta taffi wrth y llath
Neu grensian fferins o bob math.
'Rôl dod yn saff i'r lle bach hwn
Edryches i am dwmpath crwn
O fwsog neu o frigau'r ddôl
I mi gael lle i roi 'mhen-ôl
Nes byddai'r siocled mefus ola'n
Llithro'n ara i lawr fy mola.
Eisteddes. Gwaeddes! Fe neidies lath
Pan deimles boen fu 'rioed ei bath.
Nid boncyff oedd y boncyff hwn
Ond clamp o ddraenog pigog, crwn,
A beth oedd waeth, roedd gwisg y brawd
Yn awr yn glustog yn fy nghnawd.
Anghofies i'r siocledi'n lân
Pan deimles fy mhen-ôl ar dân
A 'nôl â mi fel mellten goch
I rywun dynnu'r drain o'm boch.
Fe blygodd Mam i'w gweld a dweud,
'O, nefi wen! Be alla i neud?
I dynnu'r rhain – waeth gair na chant –
Bydd rhaid cael offer tynnu dant.'

16

'Mae unrhyw beth yn well na hynny!'
Dywedes i, gan ddechrau crynu,
'Does neb yn unman sy'n greulonach
Na'n deintydd ni ac fe wnaeth smonach
Pan geisiodd dynnu dannedd Taid.'
'Does dim amdani! Rhaid yw rhaid.
Ni elli fynd ar hyd dy oes
Â hanner draenog yn dy goes.'
Felly i ffwrdd â ni i'r dre
A'm gosod yn ei gadair gre,
Fy mhen i lawr, fy mhen-ôl fry
A dwy o nyrsys cadarn cry
Yn dal eu gafael ym mhob coes –
Ni choeliech chi'r sarhad a'r loes!

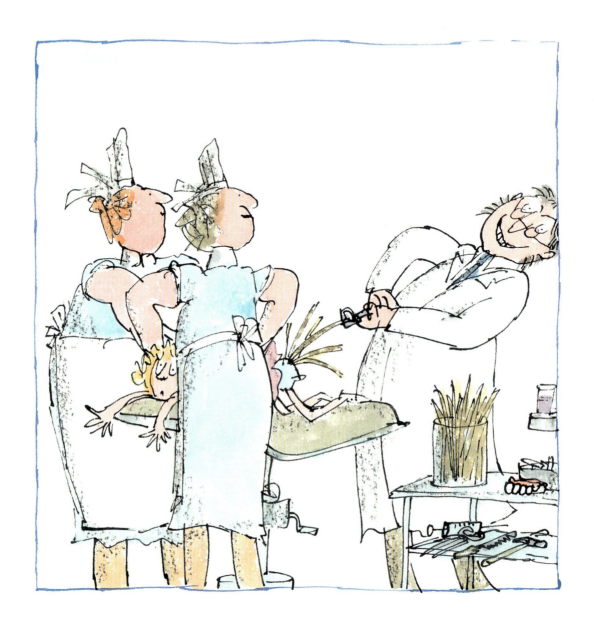

O'r diwedd fe ddaeth Mr Nevel
I mewn i'r stafell efo gefel
Na weles 'rioed un fwy ei maint
At dynnu hoelion wyth neu ddaint.
Fe chwifiodd hon a dywed, 'Pnawn da.
Agor yn llydan a dywed "A"!'
'Waeth i mi heb,' ochneidies i,
'Mae 'ngheg ymhell o'ch gafael chi.'

Edrychodd drwy'i sbectolau crwn,
'Ar f'einioes i! Pen-ôl 'di hwn?
Dyma'n wir beth ydi braint –
Cael gweithio ar eisteddfa'r saint!
Ond fydda i'r un chwinciad salw
Yn tynnu'r rhain o'th be-ti'n-galw.'
A chyda ffydd a rheg a phlwc
Fe ddaethant oll yn rhydd, drwy lwc,
A chlywes i y gwalch yn dweud,
'Does ond un peth yn awr i'w wneud
Sef setlo, misys, ar y pris!
Bydd hynny'n drigain gini, plis!'
Aeth gwedd fy mam mor wyn â chalch
Pan glywodd hi delerau'r gwalch.
'Beth, trigain gini? Trigain gini . . . ?
Dim ond am dynnu'r rhain o'i thin hi!'
A'r diwedd trist i Mam, wrth gwrs,
Oedd gorfod mynd yn ddwfn i'w phwrs.
A chyda llaw, dwi'n gwybod nawr
Pam mae draenogiaid mân a mawr
Yn gwisgo siwt o binnau main.
Nid er mwyn magu llu o chwain
Ond rhag i ryw hen lembo twp
Eistedd i lawr a'u gwasgu'n swp.

Y Fuwch

'Rôl mynd i farchnad Llan un tro
   Daeth Dad yn ôl 'di prynu llo.
Yr oedd, rhaid dweud, yn gr'adur nobl
A ddenai sylw plant a phobl,
Ac yno bu fel pob llo bach
Yn magu cyrn a thyfu'n iach.
Ond pan oedd hi oddeutu blwydd
Fe welson ni fod ganddi chwydd
A hwnna i'w weld yn eitha plaen
Lle na fu chwydd ar fuwch o'r blaen.
Er holi hwn a holi'r llall
Ni chawsom un esboniad call
Na neb a allai ddwedyd pam
Fod pont ei chefn hi'n tyfu'n gam.
Un dydd a minnau'n carthu'i baw
Fe weles yno, er fy mraw,
Y chwydd yn troi, cris croes tân poeth,
Yn bâr o esgyll pluog, coeth,
A heb na sŵn na mw na bref
Fe gododd fry i entrych nef.
Nid oedd na gwennol fach na chleren
A allai fynd yn well na Seren.
Ac yno bu hi fel hen het
Yn chwarae mig fel petai'n jet.
Yn gynt na'r awel bron yr aeth –
Er hyn ni chollodd ddafn o'i llaeth!
Ar unwaith daeth ei champau chwim
Yn destun sgwrs, a chyn pen dim
Roedd pobl y cyfryngau i gyd
Yn sôn amdani dros y byd
A daeth y miloedd draw o'r dre
I wylio Seren fry'n y ne,
A gwaeddai pawb yn uwch nag uwch,
'O! Dyma beth yn wir yw buwch!'

Pawb ond rhyw lembo hanner Sais,
Cans gwaeddodd hwnnw'n bowld ei lais,
'Hy! Seren fechan yn y nen
Dwi yn laffio am dy ben!'
O! Brifwyd Seren fach i'r byw
Pan ddaeth ei eiriau ar ei chlyw
Ac meddai â'i gwefusau'n dynn,
'Fe gei di dalu, mêt, am hyn!'
Ffrwydrodd ei dicter yn ei chôl
A chyda nerth ei choesau ôl,
Ar amnaid o'r uchelder fry
Fe ddeifiodd ar y cyfaill hy.
'Hei! Boms awê!' ac ar ei ben
Disgynnodd pastai buwch. Amen.

Y Broga Mawr

Dwi'n hoffi chwarae, ydw siŵr,
Ym mhen draw'r ardd mewn pwll o ddŵr,
Cael tynnu'n sane, trochi 'nhroed
A hwylio'r cwch cyflyma 'rioed,
A ddoe prynhawn, tawn i o'r fan,
Roedd clamp o froga ar y lan.
Ew, roedd o'n fawr – fel mochyn tew
Mewn côt o slefr a chroen di-flew
Ac er im weld brogaod fyrdd
Ni weles un erioed mor wyrdd.

Winciodd a dweud, 'Wel sut wyt ti?'
Atebes, 'Da iawn, wir. A chi?'
(Roedd rhywbeth bach o gylch ei ên
Yn debyg iawn i Dodo Jên.)
Estynnodd o ei goesau main,
'Hei, be ti'n feddwl, del, o'r rhain?'
Atebes innau gyda gwên,
'Dach chi'r un sbit â Dodo Jên!'
Dywedodd yntau, 'Felly wir!
All honno tybed neidio'n hir?
Fe gawn ni weld. Tyrd ar fy nghefn
Ond brysia!' meddai o ddrachefn,
'Fe awn am neiden dros y lle
A dod yn ôl ymhell cyn te!'
'Rôl dringo'n ofnus ar ei gefn
Fe gydies yn ei ddwy glust lefn.
'Eistedda'n ôl, del! Dyna well!
Dwi'n mynd i neidio, del, ymhell!'
A chyn i mi gael holi ble
Fe neidiodd fry i entrych ne,
A chredwn innau yn fy mraw
Fod awr fy niwedd i gerllaw!
Llifai fy nagrau mwy a mwy,
Popiai fy nghlustiau – do, y ddwy!

Ceisies fy ngorau i ddal yn dynn
Wrth weiddi, 'Hei! Faint mwy o hyn?'
Gwenodd fy ffrind o glust i glust,
'Paid ti â phoeni nawr ond ust!
Mae pob un naid a roddaf i
Yn ddeugain milltir – wir i ti!'
Hwb, cam a naid, ymlaen â fo
Drwy berfedd Lloegr yn ei dro
Cyn aros ar glogwyni gwyn.
'Cawn bicnic bychan, del, fan hyn!'
'Dwi eisiau Mam!' 'Hei be 'di'r brys?'
Gofynnodd o, 'Oes gen ti 'im blys
Mynd draw i Ffrainc?' 'Dwi ddim yn siŵr!
Ni hoffwn ddisgyn yn y dŵr!'

Ni chlywodd air o'm pen, mae'n rhaid,
Oherwydd gyda hwb a naid
Yr oeddem uwch y môr a'r tir
Yn mynd fel gwennol, a chyn hir
Fe laniodd o yn Llydaw bell
Gan ddwedyd, 'Del, does dim byd gwell
Na theithio'r byd heb gymorth trên
Na beic na chwch nac eroplên!'
Cyn iddo orffen clywes sŵn
Fel cyfarth miloedd mawr o gŵn
A gweles i fod tyrfa fawr
Yn rhuthro aton ni yn awr,
Pob un yn gwenu'n braf fel giât
Gan chwifio cyllell fawr a phlât.
Edryches arnyn nhw yn syn
Gan grafu 'mhen. 'Peth od 'di hyn!'
Nes imi gofio Mam yn dweud
Yr hyn mae Ffrancwyr yn ei wneud
Â choesau llyffant tew – o'r nefi! –
Eu bwyta efo pys a grefi,
Ac os bydd rhai ar ôl, yntê,
Eu cael ar frechdan amser te.
Bydd rhai, medd Mam, yn neidio i ffwrdd

Oddi ar y plât a thros y bwrdd.
Meddyliwch wir am fwyta'r rhain!
Waeth rhostio chwilod du neu chwain!
Ond yn ôl Mam, er gwell er gwaeth,
Does gan 'run Ffrancwr owns a chwaeth.
Nid ydyn nhw fel ni yng Nghymru
Yn hoffi bara lawr neu lymru
Ac yn llythrennol ar ddydd Sul
Fe fyddant weithiau'n llyncu mul.
('Be sy'n eich poeni? Dach chi'n crynu?
Hei, pwy yw'r babi sy'n towlu i fyny?')
Ond ni ches siawns i feddwl mwy
Oherwydd yr oedd pawb drwy'r plwy
Yn gweiddi yn eu Ffrangeg glew,
'Edrychwch ar ei goesau tew!
A welsoch chi'n eich byw'r fath bâr?
Mae digon i'r holl blwy gael siâr!
Y bodiau bach, y ffêr, y glin
A'r darnau blasus wrth y tin!'
A gwaeddodd un hen lanc yn hapus,
'A welsoch chi'r fath gluniau siapus?'
'O'r annwyl,' meddwn i dan grio,
'Maen nhw yn dod yn awr i'ch ffrio!'
Ond meddai'r broga rhyfedd hwn,
'Mi wn am dric neu dau, o gwn!
Dwi'n dod o hyd i chwarae mig
Â Ffrancod cas sy am fy nghig
Ond chaiff 'run Ffrancwr powld, ffuantus
Fyth brofi blas fy nghnawd llyffantus,
Paid ti, 'hen ddyn, â phoeni dim
Ond gwylia di fy nghynllun chwim.'

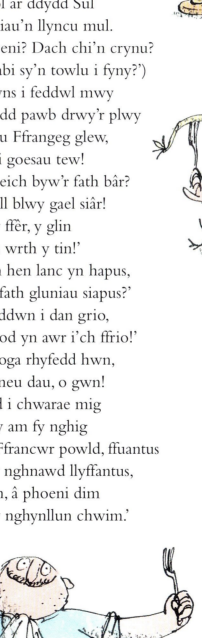

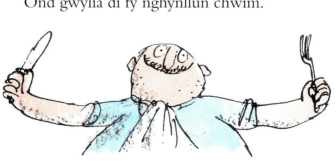

A heb na stŵr na ffws na lol
Fe wasgodd fotwm bach ei fol.
Mewn fflach o flaen fy llygaid syn
Daeth pwff o fwg fel cwmwl gwyn,
A chyn i mi gael cyfri tri
Newidiodd dan fy mhen-ôl i!
Fel un o yrwyr coets Wells Fargo
Eisteddwn nawr ar gefn *l'escargot*.
(Ffrangeg am falwen ichi ddallt!)
Ar hynny, eto i lawr yr allt
Fe ddaeth y Ffrancwyr twp ffŵl spid
Yn gweiddi'n gas a llawn o lid,
'Ble'r aeth y broga? Ble mae o?
Chwiliwch amdano drwy'r holl fro!'
Ond dyma rywun ar y gair
Yn gweld y falwen yn y gwair
A chofies fel câi Ffrancod wefr
O fwyta malwod yn eu slefr
Heb boeni chwaith ei bod hi'n od
I brynu bag o 'wod a sglod!
'Wfft i'r broga! Mae hon yn fwy,
Bydd mwy na digon nawr i'r plwy!
Mae hi yn llawer mwy na gwagen
I'w rhostio'n gyfan yn ei chragen!
Ewch am fwstard, garlleg, sbeis
A phadell fawr i ffrio reis.
Brysiwch draw am fwrdd a mainc –
Fe gawn ni bicnic mwya Ffrainc!'
Ond gwaeddodd rhywun mewn llais main,
'Mae gen i syniad gwell na'r rhain.
Beth am wneud coelcerth ar y sgwâr?
Ac os bydd pawb yn gwneud eu siâr
Fe gawn ni farbiciw gwerth chweil
A gwledda arni hi mewn steil!'
Fe aeth fy nghoesau i'n reit wan
Wrth feddwl nawr beth ddôi i'n rhan

A chlywes i fy hun yn dweud,
'O falwen fawr, beth allwn wneud?'
Fe droes ei phen a wincio'n slei
Gan nodio at y Ffrancod. 'Ffei!
Ni chân nhw wneud fy nghig i'n stiw!
Dwi'n mynd! Ffarwél! Da boch! Adiw!'
Sibrydodd eiriau hud neu swyn
A gwthio'i fys i fyny'i drwyn
Ac ar y gair roedd fy mhen-ôl i
Ar dderyn tew fel roli-poli!
Fe droes ei ben, 'Sut wyt ti, cyw?
Dal di dy afael yn fy llyw.'
A chyn i mi gael gofyn be
Yr oedd o hanner ffordd i'r ne.
'Fe af â thi yn ôl bob cam
Yn saff i Gymru at dy fam.'
Ac aeth ymlaen, dwi ddim yn cogio,
Heb oedi dim, heb sbel na nogio
Ond mynd fel cath i dwn-'im-ble!
A chydig bach cyn amser te
Fe ddaeth â fi heb ffws na stŵr
A'm rhoi i lawr wrth fin y dŵr
Lle'r oedd y cwch a'r hwyliau gwyn
Yn dal i nofio ar y llyn,

A gwaeddai Mam, 'Hei! Brysia'r tebot!
Mae Dad a fi 'di dechrau hebot!'
Pan es i mewn ni wnes ddim byd
Ond cnoi fy mwyd a syllu'n fud,
Heb ddweud un sillaf am y daith
Nac am y broga rhyfedd chwaith.
Ni fyddai Mam na Dad, mi wn,
Yn credu gair o'r helynt hwn
Gan ddweud mai breuddwyd oedd y cwbwl –
Y barbiciw, y daith a'r trwbwl,
Ac na fûm i, yr oedd yn siŵr,
Un cam drwy'r pnawn o fin y dŵr.
Felly ŵyr neb ond ni ein tri –
Y broga mawr a fi a ti!
Nawr paid â meddwl 'mod i'n ffôl
Ond mae un cwestiwn bach ar ôl –
Paham mai dim ond plant y byd
Sy'n gallu mynd i wledydd hud?

Y Bwgan Bol

Dywedes i wrth Mam un pnawn,
'Rhaid mai bwgan bychan iawn
Yw'r un â'i gartre yn fy mol.'
Medd Mam yn syn, 'Paid siarad lol!
Does neb yn trigo ynot ti.'
'Oes, Mam, mae bwgan, wir i chi,
Yn dweud ei fod o eisiau sgram.
Bara menyn, caws a jam,
Creision, fferins, 'fale, pop –
Mae o'n bwyta'r rhain heb stop!
Ac er fy mod i, Mam, yn hael
Does byth ddim digon iddo gael.
Fo ddwedodd nad yw'n bechod mynd
I ddwyn bisgedi bach i ffrind.
A'r deisen jam a hufen dwbwl
A wnaeth i finnau fynd i drwbwl
Trwy chwydu'r cwbwl dros y gw'nidog.'
Aeth gwedd fy mam yn goch a gwridog.
'Paid ti â beio neb am hynny!
Tydi dy hunan oedd mynnu
Cael llowcio'r pedair teisen ola.'
'I fwydo'r bwgan sy'n fy mola!'
'O dyna ddigon o'r fath lol!
Does neb yn trigo yn dy fol!'
Medd Mam yn gas a'i llais fel rhew,
'Does ryfedd dy fod ti mor dew,
Y bachgen haerllug, choelia i fyth!
Rhaid iti fynd i'r gwely'n syth!'

Ond ces fy achub, ar 'y marw,
Pan glywyd sŵn fel rhuo tarw
Yn fy mol. Fo oedd yn rhuo
O'r dyfnderoedd dwfn lle bu o
Ers wythnosau hir yn cosi,
Stampio'i draed a throi a throsi.
Ac yna daeth ei sŵn drachefn
O rywle'n isel yn y cefn.

Cris croes, tân poeth, bu Mam bron marw
O glywed sŵn mor gras a garw,
Ac meddai hi, â'i gwedd yn wyn,
'Be ydi ystyr peth fel hyn?'
Mewn chwinc daeth llais o 'mol yn dweud,
'Eich tro chi, misys, nawr yw gwneud
Be ydw i'n ddeud! Nawr ewch, da chi,
I'r pantri i nôl bwyd i mi:
Tri sosej, sglodion – ewch ar ffrwst –
Jelis, treiffyls, dau bwdin crwst!
Merangs! Iclêrs! Hei, peidiwch gwgu!
Mi rydw i, misys, wedi llwgu!'
'Ni ddwedes i anwiredd cam.
On'd ydi o'n beth rhyfedd, Mam?'

Ond nid ches ateb ganddi nawr;
Roedd Mam mewn llesmair ar y llawr.